AF297664

LETTRE

DU MARQUIS

DE CARACCIOLI,

A M. D'ALEMBERT.

LETTRE

DU MARQUIS

DE CARACCIOLI,

A. M. D'ALEMBERT.

Paris, le 1er Mai 1781.

VOUS êtes donc fâché de mon départ, mon cher d'Alembert ? J'aime à me le persuader. Je regretterai toujours nos conversations philosophiques, & le fonds d'observations instructives & plaisantes qu'on trouve, plus que par-tout ailleurs, dans cette immense Capitale, qui réunit toutes les curiosités de l'Univers & tous les charmes de la Société, qui présente sans cesse les scènes les plus variées & les plus comiques, où les moindres nouveautés font oublier les plus grands intérêts, & où ce qui s'annonce le matin comme très-important, se termine le soir par un bon mot. Dans

A 2

le Pays où je vais , la nature eſt plus riante ,
mais le moral moins riſible : or franchement
je fais plus de cas du plaiſir de rire , que de
celui de gouverner. Ne ſoyez donc plus
ſurpris qu'en réponſe au compliment que le
Roi a eu la bonté de me faire ſur ma nouvelle Place , j'ai répondu *qu'aucune Place
ne valoit , à mon gré , la Place Vendôme.*

Vous voulez , mon cher Philoſophe ,
que je vous laiſſe en partant , mes notes ſur
les principales ſingularités que j'ai remar-
quées ici : c'eſt me demander plus que je
ne pourrois faire en écrivant trois jours de
ſuite , moi qui ne ſupporte pas d'écrire
trois heures : mais je vais en employer quelques-unes à m'entretenir avec vous , plus
ouvertement que je n'ai fait juſqu'à préſent ,
ſur un objet dont nous avons cauſé plus
d'une fois , & qui m'a plus frappé que tout
le reſte.

Il s'agit de M. Necker , votre ami comme
le mien. Concevez-vous ſa poſition & tout
ce qui lui arrive ? En pénétrez-vous les cau-
ſes ? En devinez-vous la fin ? Eſt-il en tous
points , rien de plus extraordinaire ?

Cet homme vous arrive de Genève , pauvre comme Job , pour être Caiſſier à gages d'un ſimple Banquier ; il fait valoir adroitement les fonds de ſon Maître ; il devient ſon Aſſocié ; l'Etat eſt dans la plus grande détreſſe, il en profite ; il prête au Roi à très-gros intérêts , & le voilà millionaire.

L'affaire de la Compagnie des Indes lui fournit occaſion de montrer ſes talents & d'augmenter ſa fortune ; elle le met en relation avec pluſieurs grands Seigneurs ; il donne des ſoupers ; les beaux eſprits y vont; il fait des éloges académiques ; il obtient votre ſuffrage , & le voilà ſûr de l'appui des Sçavans.

M. Turgot, Patriarche des Economiſtes, eſt nommé Contrôleur Général , & fixe tous les regards ; M. Necker pour les ramener ſur lui, oublie que c'eſt ſon protecteur , rompt toutes ſes anciennes liaiſons, & fait ſon Livre ſur les Bleds ; c'étoit dans les circonſtances où il parut, un vrai tocſin, qui pouvoit conduire ſon auteur à la Baſtille ; il l'a conduit au Miniſtere. Tout

(6)

sembloit l'en exclure ; son origine, son état, sa religion : il franchit tous les obstacles ; M. Turgot renvoyé , il entreprend de prouver que son Successeur calculoit mal la situation des Finances , & qu'il n'en connoissoit pas les ressources ; son intérêt étoit alors de soutenir qu'il y en avoit de très-grandes dans la chose même , & de se donner pour seul capable de les trouver ; il le dit, on le croit : pour le faire entrer dans l'Administration , quoiqu'il ne pût entrer dans le Conseil, on fraye une route nouvelle ; en lui confiant les principales fonctions , on fait porter le Titre par un autre ; bientôt ce partage même lui déplaît ; il écarte sans peine le Phantôme de Contrôleur Général auquel on l'avoit accolé, & le voilà Administrateur des Finances.

Ce n'est pas encore là ce qui m'a le plus surpris. Un Banquier élevé tout d'un coup à des fonctions dont la plûpart lui sont inconnues ; un Etranger préferé à tous les Sujets du Roi pour occuper auprès de lui un poste de confiance ; un Protestant chargé du Ministere le plus important , dans un

Royaume où les Proteſtans ſont exclus des moindres Charges, c'eſt ſans doute une grande biſarrerie; c'eſt un caprice très-ſignalé du ſort; *è molto meraviglioſo.* Du reſte la France a déjà dans ce genre-là des exemples dont elle ſe ſouviendra long-tems: mais ce qui me paroît neuf, & qui ne reſſemble à rien, c'eſt la maniere dont M. Necker a ſçu myſtifier la Nation Françoiſe depuis qu'il eſt en place; c'eſt le fanatiſme qu'il a inſpiré dans ce que vous appellez *la bonne Compagnie;* c'eſt enfin ce redoublement d'enthouſiaſme que produiſent en ſa faveur, les choſes mêmes par leſquelles tout autre ſeroit abîmé cent pieds ſous terre.

Au fond, qu'a-t-il fait? Des ſuppreſſions ſans rembourſements, des réformes ſans profit, des emprunts ſans bornes ni meſure; & c'eſt-là ce qu'on admire! Il écraſe une Claſſe entiere de Citoyens; il porte la déſolation dans le ſein d'une infinité de familles honnêtes; on trouve cela charmant: il attaque les droits de propriété, qu'importe? Ce ne ſont que des propriétés financieres, on ne voit aucun inconvénient à les violer : Il déchire la réputation de ceux qu'il dépouille de leur état & de leur fortune ; il commence par décrier, & finit par détruire. Cette méthode toute injuste, toute cruelle qu'elle est, ne réfroidit pas les applaudissements, on la trouve salutaire ; & la voix de la pitié est étouffée par les cris de l'engouement : Il anéantit tout crédit intermédiaire, sans y rien substituer, & réduit toutes les ressources au système de banque ; c'est encore *tanto meglio*. Enfin concentrant tout au Trésor Royal, ramenant tout dans la main de l'Administrateur, il met l'Etat à la merci d'un seul homme, & se fait un pouvoir sans bornes, sur la ruine de toute autre autorité que la sienne : Oh ! c'est une politique profonde qu'on respecte, & dont on n'a garde de redouter les effets. Peut-on rien craindre de M. Necker ? Tout ce qu'il fait est au mieux ; & ce sera bien autre chose par la suite, s'il parvient à l'époque où rien n'arrêtera plus l'essor de ses projets ; c'est alors qu'on verra beau jeu.

En attendant, mon cher d'Alembert,

nous qui fommes convenus de le célebrer, & de le défendre envers & contre tous, nous faifons fonner bien haut, & nous répétons fans ceffe, comme la plus grande de toutes les merveilles, que *fans impofer, il fournit à tous les frais de la Guerre, & paye bien tout le monde.* C'eft-là notre refrein, & le mot de ralliement de tous les Neckriftes : mais entre nous, & dans notre ame & confcience, nous ne pouvons nous diffimuler que de quelque maniere qu'on tire l'argent du peuple, foit en accumulant emprunt fur emprunt, foit en augmentant clandeftinement les anciens recouvrements, c'eft toujours impofer ; que multiplier à l'excès les créations de Rentes viageres, c'eft pire que d'impofer fur les revenus, puifque c'eft abforber les fonds, & impo-fer jufqu'à la race future ; qu'on ne paye pas bien tout le monde quand on manque à l'engagement facré de rembourfer les Charges qu'on fupprime ; enfin que ne pas fournir à la Guerre autant d'argent qu'il en faudroit pour la faire vigoureufement, c'eft l'alimenter cruellement, & non mettre en

état de la foutenir ; que c'eft , en la prolon-
geant, trahir tout à la fois l'intérêt du Peuple & la gloire du Roi.

C'eft-là notre *in petto* que nous nous gar-
dons bien de laiffer pénétrer. Nous fommes, convenez-en , mon cher d'Alembert,
comme les Arufpices dont parle Ciceron ,
qui ne pouvoient fe rencontrer fans rire ;
ils rioient de la crédulité populaire. Eh !
comment ne ririons-nous pas auffi en voyant
ce que peuvent èn France les paroles d'un
habile Opérateur ? M. Necker plus grand
Prophete que tous les Arufpices , fans
s'amufer comme eux , au vol des oifeaux,
fçait parfaitement ce qu'il vous faut & comment il faut vous mener ; il fçait qu'une
Nation légere qui faifit tout au premier
coup d'œil, & n'approfondit rien , fe prend
facilement aux apparences ; il fçait que pour
gagner le Peuple , il ne faut que flatter fes
préventions , époufer fes murmures , & fe
déclarer l'ennemi de tous ceux dont il croit
avoir à fe plaindre. Perfonne n'a jamais autant ufé de cette recette ; perfonne n'a tiré
un auffi grand parti du ftyle académique ;

devenu entre fes mains celui de l'Adminiftration ; perfonne n'a étalé avec autant de
confiance & de fuccès , de vieilles décla-
mations triviales , rhabillées à neuf.

C'eft fur-tout par fon Compte rendu au
Roi , & par fon Mémoire fur les Adminiftrations Provinciales , que j'ai appris à le
bien connoître , & c'eft fur l'effet que ces
deux chefs-d'œuvre ont produit , qu'il y a
de bonnes obfervations à faire.

Je n'ai pas été furpris de l'ivreffe d'admiration que le Compte rendu a d'abord oc-
cafionnée. Il préfente de grands objets , de
belles phrafes , des opinions populaires, &
un réfultat fatisfaifant. Que veut-on de
mieux ? A la vérité , on a pû être choqué
de l'égoïfme un peu infolent que M. Necker
s'y eft permis , de la nullité abfolue où il
y a réduit celui à qui il doit fon exiftence
morale & miniftérielle, du ton dogmatique
& tranchant avec lequel il y parle au Roi
de France : mais , qu'eft-ce que cela fait ?
l'arrogance donne au ftyle certaine fierté
énergique , qui plaît plus aujourd'hui que
les bienféances. Pour M. de Maurepas ,

il n'a fait que rire d'être compté pour rien
dans le Compte de son Sous - ordre ; & si
Sa Majesté , à qui je sçais que la suffisance
de notre Génevois n'a pas plû , ne l'en
estime pas davantage , elle ne le gardera
pas moins , s'il peut continuer à faire croire
qu'on ne sçauroit se passer de lui. C'est
pourquoi , tout ce qu'on a dit là-dessus ne
m'a pas fait peur. Ce qui m'a vraiment
inquiété , & sur quoi je ne suis pas encore
rassuré , c'est la contradiction qui s'est éle-
vée sur les calculs du tableau de situation.

L'Ecrit avoué par le sieur Bourboulon
ne m'a plus embarrassé, du moment que j'ai
sçu qu'il s'y trouvoit deux ou trois fausse-
tés ; j'ai jugé qu'on s'y accrocheroit , &
qu'on en tireroit un grand avantage contre
la critique : mais ces maudits *Comment* ,
que trop de Lecteurs ont trouvés clairs &
précis ; mais cette Brochure verte & très-
verte , qui est un magasin de raisonnements
chiffrés , je vois avec peine qu'ils ont donné
une furieuse entorse à la croyance des bon-
nes-gens. J'en ai trouvé en mon chemin
qui me disoient de la meilleure foi du

monde : M. l'Ambaſſadeur , engagez donc votre ami à nous fournir quelque réponſe aux démentis qu'on lui donne. Ils me paroiſſoient comme ces Néophites qui ont le deſir de la foi plutôt que la foi , & à qui l'Egliſe conſeille de dire à Dieu , du fond de leur cœur : *Credo, Domine, adjuva incredulitatem meam ;* je crois , Seigneur, aidez mon incrédulité. Je les ai montrés à M. Necker , lui adreſſant cette priere , & tendant les bras vers lui : je lui ai dit à leur égard , ce que les Apôtres diſoient un jour à Jeſus : « Voyez cette multitude » qui vous ſuit ; ne ferez - vous pas pour » elle quelque miracle ? » Il me le promit, & trois jours après il me remit une réponſe manuſcrite , me recommandant de ne la montrer qu'aux élus , & de ne point l'abandonner aux profanes ; mais cette réponſe n'a point fait le miracle que j'avois demandé ; j'ai eu beau m'en revêtir comme d'une égide pour repouſſer les traits de la contradiction , elle n'a point empêché que plus d'une fois je n'aie été entamé au vif.

Par exemple , je n'y ai rien trouvé à

oppofer au reproche d'omiffion totale de la *Dette arriérée*, qui n'eft cependant pas un petit objet.

Je ne m'en fuis pas fervi plus heureu-fement par rapport à l'article des *Antici-pations*, & lorfque, pour réfuter ceux qui prétendent qu'il n'eft porté dans le Compte rendu, qu'à la moitié de ce qu'il eft en réa-lité, j'ai voulu foutenir que ce qu'il y avoit au-delà des 90 millions, dont M. Necker a compté l'intérêt, étoit repréfenté par les refcriptions & autres effets repofants au Tréfor Royal, on m'a ri au nez ; & tout ce que j'y ai gagné, a été d'apprendre la diftinction qu'il faut faire entre les valeurs portant intérêt, dont on fe fert pour cou-vrir les engagements des perfonnes char-gées de fervices, entre les mains defquelles on affure qu'il y en a pour plus de 140 mil-lions, & les valeurs mortes, dépofées au Tréfor Royal, dont il n'eft nullement quef-tion dans les calculs qu'on oppofe à M. Nec-ker ; ces valeurs mortes étant le réfidu des refcriptions, en fus de celles qu'on emploie pour les fervices ou pour la négociation & les remplacements.

J'ai été pareillement défarçonné fur l'article des *fonds deftinés aux dépenfes imprévues*, & je n'ai pû m'empêcher d'avertir notre ami, que la réponfe dont il nous avoit armés étoit trop foible ; que n'étant bonne qu'à battre en ruine quelques erreurs de Bourboulon que perfonne ne défendoit, elle laiffoit fubfifter les objections qui avoient frappé tout le monde ; que cependant il étoit dangereux d'en laiffer aucune fans réfutation, puifqu'une feule fauffeté démontrée dans un Compte de la nature du fien, fuffifoit pour le perdre ; & enfin, qu'on trouvoit fort étrange que la contradiction ayant été publique, la réponfe fût fecrette.

Laiffons-là, me dit-il alors, cette réponfe, & qu'il n'en foit plus queftion : je ne l'ai pas faite pour le Public, & je ne puis me livrer à une difcuffion polémique fur ce que j'ai affirmé au Roi. Mon Compte rendu a fait fon effet. Je fçais bien qu'il n'a pas convaincu les gens éclairés ; mais ils ne font pas à beaucoup près le plus grand nombre, & c'eft le plus grand nombre qu'il me faut. J'en ai fait diftribuer plus de dix mille Exemplaires ; il eft répandu avec pro-fufion dans tout le Royaume ; que peuvent là-contre, des pamflets qu'on lâche furtive-ment , & à qui il eft phyfiquement impof-fible de donner une pareille explofion ? Si j'y répondois , on repliqueroit , & ce feroit encore pis ; il y a des chofes qu'il ne faut pas trop approfondir ; pour peu qu'il refte d'obfcurité , chacun croit ce qu'il veut croire , & le mieux eft de n'en plus parler.

Je compris fort bien ce langage , & je me tus ; mais voyant le nombre des incré-dules s'accroître de jour en jour , j'ai mis dans mon Recueil de fingularités , qu'il étoit bien extraordinaire , qu'un homme d'efprit fe fût acculé au point de ne pouvoir ni répondre fans fe compromettre , ni fe taire fans paroître avouer.

Telle étoit la pofition de M. Necker ; & je crois qu'au fond de l'ame il n'en étoit pas infiniment fatisfait , lorfque pour l'en tirer , où peut - être le replonger dans un état pire , fa bonne ou fa mauvaife étoile a fait tomber des nues , & malheureufement

dans

dans les griffes parlementaires, un Mémoire qu'il avoit remis au Roi en 1778 , concernant les Adminiſtrations Provinciales , dans lequel les Intendans de Province ſont ridiculiſés , les Parlemens attaqués au vif , les Pays d'Etats menacés , le Clergé même & la Nobleſſe aſſez maltraités.

L'inattendue révélation de ce Mémoire vous parut d'abord , mon cher d'Alembert , un coup de foudre pour ſon Auteur. Je me ſouviendrai toujours de l'état où je vous vis , lorſque nous lûmes enſemble la copie qu'on m'en avoit confiée , & que nous en peſâmes toutes les phraſes pour en calculer l'effet. Mettre en pieces les Intendans & leur Adminiſtration ; à la bonne heure , me diſiez - vous : cela ne vaut rien politiquement , & c'eſt tirer ſur ſes propres troupes : mais n'importe , cela plaira. Vous ne vîtes pas avec la même tranquillité la deuxieme Partie de l'Ouvrage où les Parlemens ſont inculpés d'ignorance , *d'intrigues* , & d'intentions plus que ſuſpectes. La phraſe où il eſt dit , qu'*ils ne ſont forts ni par l'inſtruction , ni par l'amour pur du bien de*

B

l'Etat ; celles qui les dépeignent comme livrés à leurs intérêts perſonnels , & comme auſſi chauds à réclamer contre les Impôts qui les touchent ſpécialement , que peu ſenſibles à ceux *qui s'éloignent davantage des murs du Palais ;* toutes celles enfin qui préſentent l'établiſſement des Adminiſtrations Provinciales comme un moyen de ſe paſſer de la ſanction parlementaire , & comme un acheminement à la réformation des Etats , vous parurent propres , non-ſeulement à mettre en fureur toute la Magiſtrature , mais même à révolter la Nation entiere ; vous ne doutâtes pas que chacun n'y apperçût avec effroi les préſages de la ſubverſion de toutes les formes conſtitutionnelles ; & vous m'avouâtes que vous frémiſſiez vous-même de tout ce qu'on pourroit dire pour caractériſer le crime d'un Etranger , convaincu par ſes propres Ecrits , de s'être rendu auprès du Trône le calomniateur de la Magiſtrature entiere ; & auprès du Peuple , le fauteur des murmures contre les Dépoſitaires de l'autorité ; de s'être efforcé , en toute occaſion , d'inſpirer à un jeune Prince , déja porté aux principes rigides par son amour pour la vertu , la plus mauvaise opinion de ses Sujets & de tous les Ordres de l'Etat ; enfin , d'avoir osé entreprendre l'entier bouleversement de la Monarchie. Jamais je ne vous entendis vous exprimer avec autant d'énergie. La chaleur de l'amitié qui animoit vos craintes , rendoit vos discours si pénétrans , que j'en eus long-temps la peau de poule pour notre Héros , dont la vie ministerielle me parut, comme à vous , dans le plus grand danger. Pouvions-nous alors nous attendre à ce qui en est advenu ? Je ne connois pas en morale de phénomène plus rare , ni dont il soit plus intéressant de scruter les causes. C'est pour vous les développer que j'ai pris la plume , & quoique ma main soit déja bien fatiguée d'écrire , je ne vous laisserai pas en si beau chemin.

Dans les premiers momens , M. Necker fut lui-même si déconcerté de sçavoir son Mémoire divulgué , qu'il se crut perdu , & qu'il parla de retraite. Ses amis se rassemblerent autour de lui pour le détourner de cette molle réfolution. On tint confeil. Défavouer le Mémoire, dire qu'il avoit été altéré, tronqué, fut la premiere reffource qui fe préfenta à l'efprit : mais on fentit qu'elle étoit impraticable, l'original étant entre les mains du Roi qui pouvoit le confronter, & n'auroit pas toleré un menfonge. Imputer à M. de Maurepas de l'avoir livré, & jetter les hauts cris fur fa publicité, en la lui attribuant fourdement, convenoit fort à la plupart des Confeillers, & on s'y feroit arrêté volontiers ; mais des faits trop connus ne permettoient pas d'efpérer qu'on y prît le change. M. Necker fçavoit que le Mémoire étoit forti de fes mains, qu'il l'avoit confié non-feulement à M. de Leffart, mais même à plus d'une autre perfonne qu'on auroit pu lui citer ; & d'ailleurs, l'imputation d'une noirceur s'accordoit trop mal avec le caractere de M. de Maurepas, pour qu'elle pût s'accréditer. Il fallut donc y renoncer. Il ne reftoit plus que le parti de l'audace, celui d'aller, tête levée, au-devant de la tempête, de répandre foi-même l'Ouvrage, & de l'élever fi haut, que la cenſure ne pût pas y atteindre. C'étoit ſervir à ſouhait la paſſion de M. Necker pour la célébrité ; & l'on s'en promettoit encore un autre avantage , celui d'embar-raſſer le premier Miniſtre , par l'alternatif d'avoir à ſoutenir le choc de toute la Ma-giſtrature , ou de paroître ſacrifier l'Admi-niſtrateur des Finances à ſon reſſentiment perſonnel.

Cette derniere idée parut lumineuſe : il fut décidé de la ſuivre , & de rejetter ſur le camp ennemi la bombe dont on étoit menacé.

L'eſſentiel étoit de former un *chorus* , un *creſcendo* d'applaudiſſemens , tel qu'il pût prévaloir ſur toutes les plaintes , étouf-fer les cris des bleſſés , & en impoſer à ceux qui ne ſe décident que d'après l'opi-nion dominante. C'eſt à quoi nous ne nous ſommes pas épargnés ; chacun de nous s'eſt mis en campagne ; l'air a retenti d'éloges du Mémoire , & d'anathêmes contre qui-conque y trouveroit à redire : jamais le feu des préconiſations n'a été plus vif ; jamais on ne s'eſt récrié avec plus d'animoſité contre les anti-Neckres. Prônes, prêches, argent, crédit, autorité des gens en place, empire des jolies femmes, domination du Clergé, encens vénal des Auteurs folliculaires, ton décifif des gens du bel air, afcendant des gens d'efprit, clabaudage des fots; tout s'eft réuni, tout a été employé avec le plus grand fuccès; & ce Mémoire qui d'abord nous avoit fi cruellement intrigués, eft devenu pour fon Auteur le principe d'un furhauffement de gloire vraiment incroyable. Il y en a malheureufement fort peu d'exemplaires ; on fe les arrache ; on ne lit que pour s'extafier, & on s'extafie même avant d'avoir lu : on ne permet ni objection fur ce qu'on entend, ni queftion fur ce qu'on n'entend pas : tout eft bien, tout eft fublime, tout eft raviffant. Les Coopérateurs de l'Adminiftration vilipendés, les Cours de Juftice outragées, les premiers Ordres de l'Etat argués de fe laiffer facilement corrompre; des principes qui, fous différens points de vue, conduifent, foit au defpotifme, foit à l'anarchie,.... Tout cela n'eft rien ; tout cela échappe aux yeux que l'admiration fafcine : ce qu'on abhorroit dans M. de Maupeou, on l'adore dans M. Necker ; & le feul mot qui puiffe aujourd'hui fe faire entendre dans beaucoup de fociétés, c'eft *que fon Ouvrage eft divin, & qu'il faudroit mettre au pilori, pendre, écarteler ceux qui ont voulu lui en faire un crime.* C'eft, je l'avoue, une véritable phrénéfie, & le délire le plus complet.

Le Compte rendu eft lui-même éclipfé, comme s'il n'en avoit jamais été queftion : tant mieux fans doute ; auffi ai-je eu foin de dire que ce n'étoit qu'un chiffon à côté de l'incomparable Mémoire qui très-heureufement a fait perdre de vue ces maudits calculs dont fans lui nous nous ferions mal tirés.

C'étoit fur-tout à la Cour qu'il étoit important de faire prédominer nos louanges fur le blâme que cet Ouvrage, vu froidement, auroit pu y recevoir. M. Necker avoit déjà éprouvé combien la protection de la Reine lui avoit été utile : il falloit fe garder du premier fentiment que cette

B 4

Princeffe auroit puifé dans fes lumieres naturelles : il falloit , en intéreffant la bonté de fon cœur , prévenir ce qu'on avoit à craindre de la jufteffe de fon ef- prit : on favoit qu'on ne pouvoit employer auprès d'elle un mobile plus puiffant que fon amour pour le bien de l'Etat : on a tâché de lui perfuader qu'il étoit infépara- blement lié au fort de M. Necker ; qu'au- cun autre ne pourroit, comme lui, faire le bien ; que c'étoit pour l'avoir fait fans ménagement, qu'il étoit en but aux noir- ceurs les plus atroces ; & que tout étoit perdu s'il en étoit la victime.

C'eft ainfi que lui a parlé le Marquis de Caftries, lorfque fe fervant de la facilité que lui donne fa place, de préfenter comme néceffaire au fuccès de la Guerre, ce qui l'eft réellement au fuccès de fes vues, il a engagé la Reine à relever le courage pré- tendument abattu de M. Necker , par quel- que témoignage public de fa bienveil- lance.

On auroit bien voulu que la Ducheffe de Polignac appuyât cette démarche de tout le credit que lui donne fa faveur : mais elle s'eft obftinée à dire que jamais elle ne confeilleroit à la Reine d'avoir une opinion fur une affaire auffi délicate; ce qui nous a laiffé dans la crainte que fon filence feul ne fût plus éloquent que tout ce qui a été dit pour y fuppléer. Moins réfervé , & moins foucieux fur les conféquences , M. d'Adhémar n'a laiffé échapper aucune occafion d'infinuer , d'inculquer & de corroborer des difpofitions qu'il étoit bien effentiel d'obtenir.

Le Prince de Poix s'eft fur-tout diftingué. Le zele dont toute fa Maifon eft enflammée pour le Directeur des Finances , l'a tellement tranfporté , qu'il l'a fait accoucher miraculeufement de la plus belle phrafe du monde , tout au milieu du fallon de Marli. J'ai vu la Lettre où il s'en pavanoit; elle eft en vérité fort bien. Elle m'a fait l'effet de la petite révérence que font les grands Sauteurs-Voltigeurs , après leurs plus beaux tours de force. Modeftement il ne demande par cette Lettre que le titre de *Citoyen* : j'ai propofé de lui en déférer un plus honorifique , celui de *Coriphée de là bonne cauſe............* Vous riez ? Eh quoi ! ne ſavez-vous pas qu'en pareil cas les prôneurs les plus utiles ne ſont pas ceux qui ont le plus d'eſprit. Cependant en voulez-vous de plus fins ? Cela eſt poſſible ; je vais vous en citer un qui, avec moins d'éclat, mais plus d'adreſſe , nous a encore mieux ſervis. L'Abbé de Vermont, que je ſoupçonne de contre-miner le crédit de la Favorite , & à qui la Reine a ſu gré de lui avoir dit le vrai ſur le compte des deux Miniſtres qui paſſent pour être ſon ouvrage , nous a ſûrement voué ſes inſinuations. Je n'en ſaurois douter , connoiſſant les vues du Prélat qui regle tous ſes mouvemens , & dont il eſt l'organe.

Enfin on s'eſt ſi bien *coaliſé* pour le ſoutien de M. Necker ; ſes partiſans ont tellement circonvenu la Famille Royale ; on a ſi bien fermé toutes les avenues par où les avis contraires auroient pu arriver , qu'il s'eſt formé autour du Trône un bourdonnement continu d'applaudiſſemens , auquel on eſt parvenu à donner un faux air d'opinion publique : or, cette opinion n'eſt pas peu de choſe aujourd'hui.

Jadis la Famille Royale, environnée d'une étiquette ſévere, n'avoit, avec ce qui forme ſa Cour, aucune communication ſur les affaires du Royaume. L'intérieur même le plus intime de leurs Majeſtés n'admettoit rien qui eût trait à l'Adminiſtration. Le feu Roi, ni la feue Reine ne permettoient pas à leurs Courtiſans les plus chéris de les apoſtropher ſur les affaires d'État, ni de s'expliquer ſur le compte des Miniſtres. Aucun d'eux ne l'eût oſé.

La douce aménité qui tempere aujourd'hui l'éclat du Trône, l'a rendu plus acceſſible : une plus grande liberté a rompu les entraves qui empêchoient la vérité de prendre aucun eſſor dans le Palais des Rois. Les avantages de la ſociété n'y ſont plus inconnus ; & certes il en peut réſulter beaucoup de bien pour l'inſtruction des Souverains, & pour le bonheur des Peuples ; mais il en réſulte auſſi que quand les perſonnes qui ont le plus d'accès auprès de la Famille Royale, s'entendent pour faire prévaloir une opinion , elles fe flattent de pouvoir influer jufques dans les décifions du Gouvernement ; que la fociété juge les Miniftres ; qu'elle s'accoutume à prononcer fur les matieres les plus importantes ; & qu'à la faveur des *on dit* récitatifs, elle parvient à infinuer ce qu'elle penfe , ou veut faire penfer , tant fur le fond des chofes que fur les perfonnes.

C'eft pour vous feul , mon cher d'Alembert, que je fais cette réflexion ; car d'ailleurs livré , comme je le fuis , à M. Necker , je ne puis qu'être charmé de l'effet qu'a produit pour lui l'influence fociale dont je viens de vous donner une idée. C'eft elle qui lui a procuré de la part de la Reine ces marques publiques de protection , & cette audience particuliere dont il a eu grand foin de conter tous les détails à fes affidés qui, à leur tour , ont eu foin de les répéter , en les exagérant. C'eft elle qui, fi elle n'en impofe pas abfolument à un premier Miniftre trop retord pour en être le jouet , n'a pas laiffé que de l'empêcher plus d'une fois de prendre des réfolutions que nous avions lieu de craindre : Eh ! qui fait fi ce n'eft pas elle auffi qui a contribué à infpirer les fages paroles que le Roi a dites au Premier Préfident , & qui ont fuffi pour conjurer l'orage.

Quoi qu'il en foit , tout eft calme aujour-d'hui ; notre Ami triomphe ; la Gent robine eft confondue ; le Corps de la Magiftrature abandonné par fon Chef , qui eft pour nous , contient la rage qu'il a dans le cœur ; & quoique , fuivant moi , il eût mieux valu qu'il l'eût fait éclater par quelque acte violent qui eût lié l'autorité à la défenfe de M. Necker, il eft toujours vrai de dire que l'inaction du Parlement , quelle qu'en puiffe être le principe , préfente au Public l'apparence de l'abattement ; qu'elle fortifie l'affurance du Parti-Necker ; & qu'au total , l'éloge du Mémoire fur les Adminiftrations Provinciales , eft refté maître du champ de bataille.

N'en eft-ce pas affez pour que M. Necker admirant lui-même la tournure inattendue qu'a prife cette affaire , fe dife de plus en plus , ... *O merveilleux effet de mon orviétan !*

Mais croyez-vous , mon Ami, que cet orviétan foit la feule caufe de ce qui vous étonne ? Croyez-vous qu'il y eût autant de fanatifme pour l'amour d'un Etranger , qui, dans la réalité a fait plus de mal aux individus , que de bien à la chofe publique, fi plufieurs motifs différens auxquels il n'a aucune part , n'y confpiroient pas ? Et lorfque vous voyez les jeunes gens fe diftraire de leurs plaifirs , les Evêques de leurs fonctions, les femmes de leurs amufements , les Militaires de leur métier , pour dogmatifer tous enfemble & à l'uniffon , fur des queftions d'Etat qu'aucun d'eux ne connoît , fur des détails d'Adminiftration dont ils n'ont pas la plus petite teinture , ne foupçonnez-vous pas que M. Necker n'eft pas l'unique fource de tant de fingularités ; qu'il n'eft , pour parler votre langue , que le point central ou aboutiffent plufieurs rayons divergens par leur origine , & qui cefferont de fe diriger fur lui , dès que fa force attractive fera fans action ?

C'eft où je voulois vous conduire par le tableau que je viens de vous tracer. Si c'étoit

une expofition poëtique, je ferois au moment de l'invocation; & ce feroit le cas de
dire : O mufe, apprends-moi les caufes
fecretes de cette étonnante confédération :
Mufa, mihi caufas memora.

Et vous, mon Ami, redoublez d'atten-
tion ; ce qui fuit eft le plus intéreffant.

Il s'en faut de beaucoup que tout foit
ami dans ce qu'on appelle *les amis de
M. Necker.* Son armée n'eft auffi nom-
breufe que parce qu'elle eft compofée de
beaucoup de troupes étrangeres à lui, quoique ralliées fous fes drapeaux. Si elles
étoient diftinguées à l'œil par autant de
couleurs différentes qu'il y a de motifs dif-
parates qui les conduifent, ce feroit une
très-plaifante bigarrure. Je m'amufe quel-
quefois à les paffer en revue dans mon imagination, & voici comme je me les repré-
fente.

Je mets à leur tête, comme de raifon,
les vrais Affidés, & Co-intéreffés, portant
les enfeignes dorées de la Banque.

Viennent enfuite le Clergé & les Pro-
teftans réunis pour la premiere fois fous

la même banniere, moitié sacrée, moitié profane ; le Clergé , comme livré à quiconque étend son pouvoir ; les Protestans, comme voyant déjà leurs Prêches rétablis.

Je fais arriver sur la même ligne , précédés d'une girouette tournante à tous vents , les amis de Cour , parmi lesquels on remarque tous les Noailles, & tous ceux qui comme eux , sont serviteurs nés de l'Homme en place.

Vient après cela la grande troupe des dupes , des sots admirateurs , des illuminés & des provinciaux , tous , la bouche béante & les yeux fixés sur le tableau du Compte rendu qui leur sert d'étendart ; on voit autour , des préambulesbien coloriés , & pour devise , les grands mots de *bienfaisance* , de *réforme* , de *soulagement* & de *liberté*, gravés en lettres d'or. Toute cette race moutonniere qui forme le gros de l'armée , marche pêle-mêle , sans sçavoir où on la mene , au son d'une musique bruïante , composée deGens de Lettres qui y donnent le ton (comme ils prétendent aujourd'hui le donner partout) , d'Ecrivains périodiques ,

ques ,

ques , & d'Economiftes tenant la trompette , de l'Abbé Rainal faifant le fervice de Timballier , & d'un tas de prôneurs à gages , doublés par ceux qui leur fervent d'échos.

Je place fur les aîles , & je fais avancer d'un pas plus mefuré , plufieurs Efcadrons d'ambitieux , commandés chacun par des Chefs différens , qui , tous , mafquent leurs projets particuliers fous les dehors d'une fauffe concorde , & ne tendent qu'à leur but , en paroiffant fervir M. Necker.

Quoique nous ne foyons plus au temps des Généraux mitrés , mon imagination , fujette à brouiller les époques , fe plaît à mettre en tête du premier Détachement un Prélat plein d'efprit & de connoiffances , qui , fans faire grand cas du Généraliffime Financier , combat pour lui , parce que , le jugeant à-peu-près ufé , il l'aime mieux qu'un autre dans une Place qu'il convoite pour lui-même , comme un acheminement au rang des Richelieu , des Mazarin , des Fleury. A ces traits , vous reconnoiffez l'Archevêque de Touloufe , & vous lui voyez pour Aide-de-Camp le fidele Abbé de Vermont.

Sans ma déférence pour la prérogative Pontificale, j'aurois fait passer avant lui, celui qui suivant moi doit passer avant tous, le Duc de Choiseul. Assez grand par lui-même & par le souvenir de ce qu'il a été, il ne devroit pas desirer de redevenir ce qu'il n'est plus : mais résiste-t-on à l'attrait de primer, à celui de gouverner un grand Royaume ? L'adroit Directeur lui a fait entendre qu'il le servoit habilement dans l'esprit du Roi, en plaçant à propos l'éloge de son Administration.... M. de Choiseul voit d'ailleurs en lui le seul instrument qui soit de trempe assez forte pour sapper le crédit prépondérant que lui & les siens dé-testent comme l'obstacle à toutes leurs vues : c'est là ce qui l'attache au Parti d'un homme qu'il croit lui être utile, & qu'il n'estime pas assez pour le craindre ; deux raisons décisives de se déclarer son Sectateur, & d'entraîner par son exemple la foule de Courtisans qui compose son nombreux Es-cadron.

Celui du Marquis de Castries paroît fort mince à côté de lui ; il suit la même direction, & a l'air d'en recevoir l'ordre ; mais on ne travaille pas pour un autre, quand on se croit plus digne que personne du premier rang ; & je vous ai entendu dire, mon cher Géometre, que *les prétentions sont souvent en raison inverse du mérite.* M. de Castries, étroitement uni avec M. Necker, se persuade que bientôt rien ne pourra contrebalancer leurs forces combinées ; & c'est moins par la reconnoissance qu'il le soutient, que parce qu'il le regarde comme l'échelon de sa grandeur future.

C'est pareillement en cette qualité d'*échelon* qu'il est devenu précieux à M. le Duc du Chatelet, depuis qu'il lui a promis de lui ouvrir le chemin, soit au Département de la Guerre, soit à celui de la Politique : il ne lui en a pas fallu davantage pour attirer dans son Camp ce Duc vraiment digne des plus grandes Places, & qui le seroit encore plus, s'il n'y aspiroit pas autant, s'il ne se laissoit pas prendre aussi facilement à l'appas d'y parvenir.

Il n'eſt pas le ſeul que M. Necker ait amorcé de la même maniere , depuis que les Places du Miniſtere ſont données à de grands Seigneurs, qui tous peuvent ſe croire le même dégré d'aptitude à les remplir ; chacun d'eux les dévore des yeux , & la manie miniſtérielle s'eſt emparée de toutes les têtes. C'eſt aujourd'hui le foyer de toutes les intrigues ; notre Ami a ſçu les réunir en ſa faveur , en diſtribuant à chacun des doſes plus ou moins fortes d'eſpérance.

Le Prince de Beauveau a eu la ſienne. On lui a montré en perſpective le Département de Paris , ou une place dans le Conſeil : la Princeſſe y a ſouri , & il eſt devenu un de nos Généraux.

Il n'y a pas juſqu'à M. d'Adhémar qui ne ſe ſoit enrôlé par un ſemblable eſpoir : il eſt dans l'Etat-Major de notre Armée , & c'eſt un de nos meilleurs Manœuvriers.

M. Necker n'auroit pas trouvé autant de crédules avant le renvoi de M. de Sartine , & lorſqu'on n'imaginoit pas qu'un autre que le vieux Mentor pût influer dans le choix des Miniſtres ; mais ce déplacement , &

encore plus le remplacement, ont infiniment hauffé fes actions : tous les Afpirans
fe font bien vîte profternés devant un homme capable de faire & de défaire des Miniftres.

Ils fe font rangés fous fes drapeaux avec
d'autant plus de zele, qu'ils ne peuvent
douter de fes difpofitions à l'égard de M. de
Maurepas, dont la chûte eft le cri de guerre
de tous nos Efcadrons ambitieux. Ce n'eft
pas qu'on puiffe haïr quelqu'un qui, fort
aimable en fociété, fort intelligent en affaires, & fort acceffible à tout le monde,
n'a jamais fait de mal à perfonne, pas même
à fes ennemis : mais il eft trop long-temps
où d'autres voudroient être ; c'eft une pierre
d'achoppement pour toutes les intrigues,
& M. Necker eft le baril de poudre def-
tiné à la faire fauter. *Comprenez-vous*,
diroit mon Confrere d'Arenda ?

Ce n'eft pas tout, & pour achever ma
vifion guerriere, que je ne comptois pas,
en la commençant, pouffer fi loin, & qui
infenfiblement a pris la place de l'explica-
tion plus férieufe, mais pas plus inftructive,

que je voulois vous donner , il me reste à vous parler des Troupes légeres , qui méritent bien d'être comptées , & même pour beaucoup , dans notre Ordre de bataille. Devinez-vous de qui je veux parler ? Ce sont, mon cher d'Alembert , les grandes Dames, les belles Dames, les jolies , les spirituelles, & sur-tout les intrigantes, qui malgré le peu d'union qui règne ordinairement entr'elles , voltigent avec assez d'ensemble autour de notre Armée , & y sont très-utiles. On peut s'étonner d'en voir un si grand nombre rompre des lances pour un personnage qui n'ayant guères plus d'agrément que moi dans la figure, & en ayant peut-être encore moins dans les manières , ne semble pas fait pour être le favori des Graces : aussi , je ne crois pas qu'il y en ait aucune *inamorée* de sa personne : mais d'autres intérêts les animent ; chacune a son moteur ; chacune a son but ; & néanmoins toutes se réunissent pour conspirer au succès du plan de campagne dont elles espérent que l'exécution comblera les vœux des différens Généraux auxquels les leurs se rapportent.

Elles n'ont pas toutes les mêmes emplois ; les fervices qu'elles rendent à l'Armée du Général Necker , font analogues à leurs caracteres. Je vois à leur tête l'impérieufe & dominante Ducheffe de Grammont , toujours occupée du rang fuprême dont elle eft defcendue , & fe flattant de pouvoir y remonter à la faveur du défordre général. A côté d'elle , la fuperbe Comteffe de Brionne leve fiérement fa tête altière ; toutes deux fubjuguent les opinions par un ton impofant , tandis que la Princeffe de Beauveau les captive par la féduction de l'efprit , & la Comteffe de Monteffon par tous les charmes que l'art peut donner.

Ici la précieufe Comteffe de Blot met en ufage le jargon fentimentaire : là , c'eft par l'exagération que l'enthoufiafte Comteffe de Teffé tâche de faire des profélytes. Plus loin , l'*idolâtrée* Comteffe de Chaalon traîne après elle fon Captif , & le force de prendre les armes pour quelqu'un qu'au fond de l'ame il méprife. La merveilleufe Princeffe d'Hénin à le département des intrigues de toutes couleurs : celui des cœurs eſt dévolu à la jolie , à l'élégante , à la ſwelte Comteſſe de Simiane , à la vive & piquante Marquiſe de Coigny , à la douce & aimable Princeſſe de Poix , &c. &c.....

Que j'aime à me retracer les vives évolutions de ces brillantes Troupes légeres ! Que j'aime à les voir éclairant la marche de notre Armée , allant à la découverte , répandant des propos , recueillant des rapports , accréditant des nouvelles , & diſtribuant leurs ordres à un eſſain de jolis Meſſieurs , de Caillettes & d'Abbés qu'elles font courir , parler , & caracoller à leur gré ! Sans compter quelques intrigans ſubalternes qu'il faut bien qu'elles ſouffrent auſſi à leur ſuite , pour ſervir d'émiſſaires , tel que ce de Vaiſnes , qui ayant la tête tournée de ſe trouver en ſi bonne Compagnie , a oublié ce qu'étoit ſon pere , & ſe croit un perſonnage important.

Vous voilà , mon cher Philoſophe , en état d'apprécier ce que peut , entre les mains de notre Ami , le faiſceau de tant de liens divers , la confédération de tant d'intérêts hétérogenes ; & vous pouvez préfentement vous former une idée jufte des caufes auxquelles il en eft redevable. Elles expliquent comment il fort triomphant , du moins quant à préfent , de la crife qui fembloit devoir être fon tombeau : mais elles ne doivent pas nous tranquillifer entiérement fur l'avenir ; M. Necker fe prétend fûr du Roi ; il croit avoir endormi l'Argus octogénaire ; fes partifans s'entredifent en fe frottant les mains , *le Vieux en fera la dupe:* pour moi je ne vois pas cela fi clair , & je ne fuis pas fans crainte ; je vous avoue même que je ne ferois pas furpris que ce fameux Manipulateur de Finances fi vanté par nous , & malheureufement auffi par les Anglois , qui l'appellent *leur dernier & plus véritable Allié dans le Continent ,* au lieu de devenir le Maître du Royaume , comme il s'en flatte , ne redevînt bientôt Habitant de Genève.....

Il me paroît bien difficile qu'un jour ou l'autre , on n'ouvre pas les yeux fur l'illufion de fes tableaux magiques , & fur le défordre , le trouble , les factions que doit néceffairement occafionner dans l'État cette

Nécromanie dont je viens de vous crayon-
ner l'esquiffe. La chaleur des adhérens de
M. Necker, & la fureur de ses ennemis ;
le fanatisme des Prêtres qui l'exaltent juf-
que dans leurs Sermons, & l'immortel
ressentiment, *l'altâ mente repostum* des
Corps de Magistrature qu'il a outragés ; le
lien d'association jetté au milieu des douze
Parlemens, & leur réunion au Conseil ;
les deux impressions contraires, produites
par le Mémoire où les uns prennent l'effroi du Despotisme, quand les autres y
voient le danger des principes républi-
cains ; & l'agitation qu'elles excitent dans
toutes les têtes ; la commotion résultante
du conflit des prétentions ambitieuses des
Gens de la Cour, & la confusion qui en
sera la suite jusqu'à ce que chacun soit
remis à sa place : l'imprudence d'avoir
échauffé l'imagination du Peuple par des
espérances chimériques, en même temps
qu'on a encouragé ses murmures contre
les perceptions actuelles ; & la difficulté
de faire respecter l'Administration, après
l'avoir livrée à la censure publique : enfin

l'embarras où M. Necker lui-même va se trouver, lorsque la reffource des emprunts étant ufée, il faudra inévitablement recourir aux autres reffources qu'il s'eft interdites, tout cela me faît trembler; tout cela me paroît exceffivement menaçant: c'eft à mes yeux la boëte à Pandore.

Je n'ai pas diffimulé à notre Ami les inquiétudes que j'emportois en le quittant: je l'ai fait convenir qu'il avoit trop facrifié à la célébrité; & j'ai fini par lui confeiller de prévenir à temps la cataftrophe. *C'eft ainfi qu'en partant je lui fis mes adieux*: & c'eft après avoir fatisfait fuffifamment votre curiofité, qu'excédé d'écrire, je vous fais les miens. *Addio, mio Caro.*

P. S. J'ouvre ma Lettre pour vous communiquer une idée qui me paffe par la tête, & dont vous ferez ufage dans l'occafion, fi vous la trouvez bonne. Il me femble que s'il furvient quelque crife embarraffante pour M. Necker, il faudroit qu'alors il fît répandre le bruit de fa prochaine retraite ; qu'il employât tous les moyens les plus capables d'accréditer cette nouvelle ; qu'en même-temps fes Banquiers & Affidés fiffent vendre à la Bourfe affez d'Actions & de Bordereau pour marquer leurs craintes de faire baiffer tout d'un coup les Effets publics : vous concevez la conféquence qu'on en tireroit , & qu'on ne manqueroit pas de dire que tout eft perdu s'il s'en va ; ce qui peut effrayer & arrêter.

Au furplus, fi vous aviez quelques doutes fur quelques-unes de mes Anecdotes , je vous les éclaircirois par de plus amples détails.